U0052994

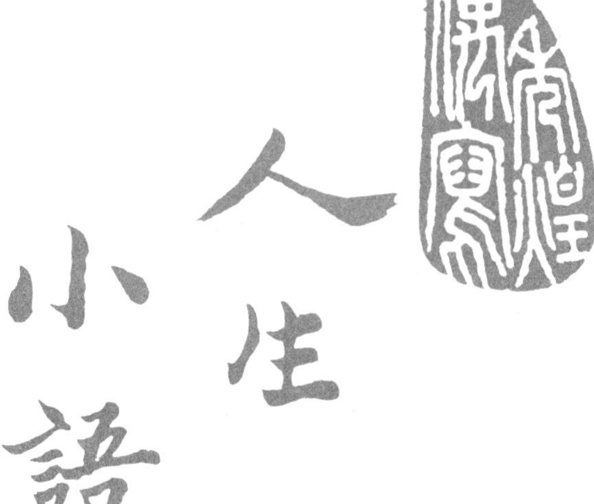
人生
小語

# 獻給母親

——母愛是太陽，母愛是月亮，
母愛是星光

母愛是太陽

母愛是月亮

母愛是星光

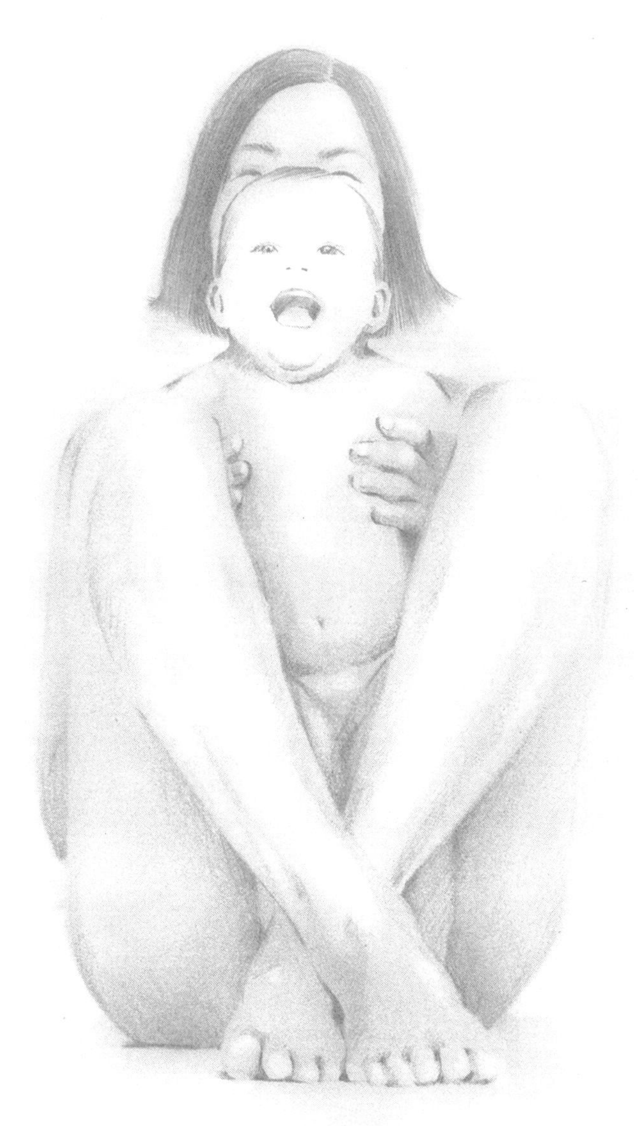

# 生到這世上，活在這人間

——代序

生到這世上

每個嬰兒都背負著眾多的願望

父母的願望
家人的願望
社會的願望
世界的願望

生到這世上
每個人都演成一個特殊的記號
自己的記號

父母的記號
家人的記號
社會的記號
世界的記號

活在這人間
每個嬰兒都繼承著深厚的理想
父母託付的理想

家人託付的理想
社會託付的理想
世界託付的理想

活在這人間
每個人都創造出他獨特的意義
自己心中的意義
父母眼中的意義

家人期待的意義
社會讚擁的意義
世界指望的意義

生到這世上，活在這人間
每一個人代表著眾多的願望
每一個人經營成特殊的記號
每一個人開拓著深厚的理想

每一個人創造出獨特的意義

生到這世上

活在這人間

何秀煌

一九九九年九月十日　旅途

一

人需要自我意識，但卻不要過份意識自我。

二

過份的自我意識容易誤把自己當作中天的太陽。

三

只有適當的覺醒，才看出自己之外還有滿天的星光。

四

月亮自己不發熱，但卻反射著太陽的光。

五

我們有時只在反射他人的光。

六

有時我們是自己理性的太陽。

七

有時我們只是他人感情的月光。

八

月光常常流於感覺。
星輝才深深激動我們的靈魂。

九

靈魂超升的時候，人的步伐也跟著輕盈明快。

月亮

自己不發光

你卻反射着

太陽的

光

一〇

人生的沉重是心靈的沉重。

人生的歡欣是心靈的歡欣。

一一

太陽的光輝善於普照大地，讓每一個人步出屋外，喜樂歡欣，共同分享。

一二

月兒的明亮志在穿透小窗，讓懷情相愛的人裸露自己，幽然相對。

一三

星星的閃爍最要撼動個人的性靈，讓人獨自沉思，孤單涵情。

一四

我們在太陽的輝耀下歡樂分享。
我們在月兒的柔光裡涵情凝視。
我們在星子的晶瑩中沉思立志。

一五

母愛是中天的太陽。
母愛是晚上的月亮。
母愛是午夜的星光。

一六

我們在母愛裡歡樂分享。
我們在母愛裡涵情凝視。
我們在母愛裡沉思立志。

有时
我們　只是
他人
感情　的
月亮

一七

太陽是公眾的系統。
月兒是情侶的語言。
星星是個人的記號。

一八

在人生裡，細微的事也可以經營得星光閃爍，
令人喜悅溫馨。

一九

在我們的生命裡，不會到處是太陽；也可能常
常沒有月光。
我們只要讓自己的生命一路佈滿著星輝。

二〇

只有太陽的人，在日蝕的時刻變得陰黑盲目。

二一

滿懷星星的人，即使在盼望的時刻，也擁有一片醇美溫馨。

二二

月亮只是太陽的投影，但卻是星兒的鏡子。

二三

月亮不斷反射，傳給別人借來的光。

二四

月亮沒有燃燒自己，但卻照亮別人。

月亮只是
太陽的投影
他們卻是
星星的
鏡子

二五

太陽燃燒自己，更加照亮別人。

二六

月亮雖然無能為力，但也不為己自私。

二七

月亮不負太陽的心意，傳給世間溫柔明亮的光。

二八

太陽出以嚴酷熾熱的形式。
月亮轉化為幽靜輕柔的內涵。

二九

太陽有力，但也無心。
月兒無為，但卻有情。

三〇

太陽是人間理性的形式。
月兒是天上感情的內涵。

三一

勇者緣自無懼。
無懼起於無求無欲。

三二

太陽是勇者。
太陽無懼一切。
太陽無求無欲。

太陽
理性
月亮
感情

是人間
的形式
是天上
的內涵

三三

情者有所不忍。
不忍起於深恐傷害。

三四

月兒是情者。
月兒有所不忍。
月兒深恐傷害。

三五

無所求者無所懼。
無求於人者無懼於人。

三六

畏懼傷害者有所不忍。
畏懼傷害於人者對人心懷不忍。

三七

雖然不見重雲朵朵，可是只要沒有明亮的星星，
內心也就明白天上被輕靄薄雲所籠罩。

三八

儘管沒人明目張膽，大唱良心的反調，可是只
要聽不到清晰的正言，內心也就明白世間正有
惑眾讒言在暗地裡流行。

三九

上天不總是歇雨，讓我晨間運動？
可是今天為什麼飄灑著密密的雨，是因為我提

早下樓來，或是老天弄錯了淋灑大地的時刻？

四〇

大地也需要天雨的淋灑，我不可以只存私心的盼望。

四一

在密密的雨光中晨運，雖然濕了衣裳，雨點滿面，但卻別有一番情趣。

四二

人生的日子不會完全是晴朗光美。在風雨中，我們也可以活出一個溫馨可愛的生命。

四三

生命的涵養講究深厚。
生活的情節始能輕盈自如。

四四

乾瘦的莖幹搾擠不出豐美的瓊漿玉液。

四五

一大早，天雨，有風，閃電，雷鳴，是上天給大地的花草樹木淋灑滋潤的時刻。在樓閣下舒展身心之餘，走出雨中，讓它輕淋飄打。

四六

記否，從前那不畏懼風雨的少小情懷？

用情的秘訣在於時時不忘回歸當初的情懷。立志的原理在於努力不懈於起初鮮明的決心。

四七

從「走了一個又多一個」到「走了一個就少一個」。這是時代的變遷，也是人心的動向。

四八

我們常常只在勵志的故事中聽到人生的模範。我們為什麼不立志自己活出一個優美的生命榜樣？

四九

把這個世界當成你的故鄉，自己修養出一份高貴的心靈，這世界也就多了一個高貴的生命。

五〇

把這個世界當成你的家，自己佈置一間優美的屋，這世界也就多了一間美好的住處。

五一

把這個世界當成你生命的園地，自己建立起一個溫暖的家，這塊土地也就多了一個溫馨的花圃。

五二

潔白的明月有時也有烏雲前來毀謗。可是看那雲過風清後的面龐，既沒有懊惱自己的高潔，也沒有怨嘆黑雲的作惡。

潔白的明月
有時也有烏雲前來
毀謗
又是看那
雲過風清後的面龐
既沒有煩惱
自己的
高潔
也沒有怨嘆
黑雲的作惡

五三

我們無意只是懲治為惡的人，我們試想努力感化他。

可是有時惡人在文明的制度下現形喪生。

五四

在幽黑的晨早的小雨中，走上山丘，見到一隻慢爬的蝸牛。

雖然知道牠是「害蟲」，但不見牠作惡，也就沒加理會。

下山丘時，仍然下著朦朧的雨。突然聽到蝸牛在腳下破殼喪生。

這是失誤，還是天意？

五五

正像沒有被雨淋過的人不懂得人生一樣，未曾為人父母的，也難以領會愛的真情。

五六

人生就在於培養為人父母似的真情——對他人，對人性，對文明。

五七

人生不只是緊縮在屋簷下避雨的情緒，或站立在窗前觀雨的心情。人生就是一路上吹風淋雨的過程。

（沒有被雨淋過的人不懂得人生。）

五八

雨天的早上，在樓下走廊晨操。內心裡生發了一片新的天地。

稍後雨歇，細雨無礙，趕緊走入絲絲的飛雨裡。

不要辜負上天的一片美意。

五九

連日的雨過後，星子又在清晨的雲間耀眼閃亮。對於找尋不到人間的榜樣的遊子，他們又有了天上的啟示。

六〇

每天早上把靈魂澄清，把身體洗淨，把住處的塵污清理，將大自然帶回的美好帶向工作，分享他人。

六一

上天經常停雨讓我外出晨運，我總是心存感激。可是上天也不能老是偏心待我，祂還要照顧整個的大地。

六二

上天不能因為我要晨運而不雨。
祂有祂的難處。
祂有祂的苦衷。

六三

情有它的難處。
愛有它的苦衷。

六四

鏡子是人間的良心。

可是站在鏡前的猴子只能等候慢慢的進化。

六五

文明不是由你我開始，我們應該虔敬以待。
智慧不是由你我始創，我們應該虔敬以待。

六六

（有所愛者有所敬，無所敬者無所愛。）
人因愛文明而虔敬它。
人因愛智慧而虔敬它。

六七

沒有一片虔敬之心，人類無以接近文明。
欠缺滿懷虔敬之情，人類逐漸遠離智慧。

六八

當人的生命不再是一個整體，而是一片一段的存在時，什麼價值，什麼良心都不容易起步，都不容易有所著落。

六九

我們的許多作為都是為了成全人性，至少不忍心傷損它。因此我們需要小心克制，將容易無限膨脹的自我，安放在一個謙虛虔敬的位置。

七〇

當社會的風氣紛雜混亂，你的善意可能不知如何適從。

鏡子 是人間的
良心
乃是站在
鏡前的
猴子 只能等待慢慢的
進化

（當你遇到一個喜歡不扣上衣鈕扣的人，你不知道要提醒他的疏忽，或是同情他那露胸的癖好。）

七一

無子無女的人，一不小心，一不留意，容易變成無心無愛，無顧無忌。

七二

並非無子無女的人就一定能夠大公無私，不偏不倚。

七三

並不是無後顧之憂的人就一定能夠正氣凜然，光明公正。

七四

無後常常未必構成人生的大不孝。
但是它往往導人變成對人性的大不敬。
（有所愛者有所敬。）

七五

把美好帶入夢鄉不一定增益人間的現實。
把美好帶往現實至少提升了自己的心境。

七六

帶入夢鄉的美好或許只增益了自己的性靈。可是帶向生活，帶向工作的優美肯定也增益別人的生命。

七七

早起的人和遲睡的人也許都分享著一段美妙的大清早的世界。

不同的是遲睡的人將窗外的美妙帶入自己的夢鄉；而早起的人卻把滿天的奧妙帶進工作，分享他人。

七八

在我們的心目中，女子的形象清秀娟美。

我們切莫製造一個世界，令女子變得面目全非。

七九

只起於同情的不一定是愛。

可是愛中欠缺了同情，卻不再是愛。

八〇

女性是感情的大語言。
男子是理性的小語言。

八一

男子善於模仿女性的大語言。
女性不擅操說男子的小語言。

八二

提倡人間的愛，首在知所割愛；不是一心只知接受他人的愛。

八三

食品本身原來沒有什麼愛情意義，但它卻充滿實用的價值。

女性是感情的大語言

男子是理性的小語言

八四

有些人只充當他所愛的人的食料。
（當然，食料有高貴有低劣。）

八五

食物保證我們的軀體，讓我們的精神煥發飛揚。

八六

只要細心經營，實用的食品也可以演變出感情的內涵。

八七

有感情的內涵才有精神上的意義。

八八

文明有感情的內涵。

八九

人性有感情的內涵。

九〇

文明有精神上的意義。

九一

人性有精神上的意義。

九二

當心情飄遠，正好像春光不再一樣，只能神傷，何事強求？

九三

眼見春光消逝，我們只生感傷。
經歷感情變幻，我們就苦苦強求？

九四

在人生的春天裡，遍地盛開著情的信物。
為什麼在生命的秋日中，卻變得滿目瘡痍的愛
的垃圾？

九五

當愛收回了它的許願與承擔，多少的昔日的信
物突然變成了情的殘渣和意的垃圾。

九六

在愛情裡，心靈的失敗就是生命的失敗。

九七

欣然超脫的人拿天上的品質要求自己。
一味固執的人以塵世的標準與人計較。

九八

如果只求奉獻，何需計較對方的背棄。

九九

真正的愛不虧欠別人。

一〇〇

真正的愛成就了自己。

一〇一

人畢竟是人。

人非天使，也非神靈。

一〇二

人畢竟是人。

人非草木，也非禽獸。

一〇三

人類的雙足站立塵世，他們的心志卻不斷遙望天上。

一〇四

愛心令人仰望天上。

（真正的愛是天上的情。）

一〇五

人類通過種種發明和建構，攀遠登高，締造超凡脫俗的自我。

（語言是一種發明建構，記號是一種發明建構，價值和意義是一種發明建構。）

一〇六

愛是人性的藝術發明和藝術建構。

一〇七

愛是人性的感情藝術發明和感情藝術建構。

一〇八

粗野一點地說，人類除了藝術史外，有何藝術

人畢竟是人

人非

天使亦非

神昊

論；除了人性史外，又有何人性論？人性是歷史演化的結晶。

一〇九

人性在無休無止的演化歷程之中。

一一〇

人間道德的成就建立在一個個的個人內心的深處。

世上倫理之為用成就在一個個的個人與個人之間的愛心與同情。

一一一

人性是以人間道德的成就作為規範的界限，但卻以世上感情的生發當作始作的動因。

一一二

人類道德的成就是一大片不斷可待開拓的疆土。人類感情的成就亦然。

一一三

含有深情，性的事才成了一種人間的記號。它才成了一種感情的語言。

一一四

性是一種身體的語言。它是一種感情的語言。

一一五

單純只為了性的藝術，人類可以在詩歌美學中去尋求。

性的事還有它那愛情的記號和意義。

一一六

只為性的物理，人可以在健身房和洗澡間裡去從事。

一一七

性不只是一種物理。

它是一種藝術，一種記號，一種深情的意義。

一一八

這個世界如此寬廣，我們為什麼執著在一個小小的定點？

這個宇宙這麼遼闊，有人為什麼仍然尋覓不到一個小小的歸宿。

一一九

只要在初夏的清早深深呼吸滿胸滿懷的清新空氣，我們就知道煙霧的污濁和油漬的厭膩。

一二〇

初夏真好，沒有了惱人的春愁。好好呼吸，不要辜負清新純淨的空氣。

一二一

去年你心懷著一棵熟悉的鳳凰木，寫了「夏日的雨」。今年你又從那條小路走過，它已被工人砍下。

性　不是一種物理　它是
一種
藝術　一種
記憶　一種
深情　的
意義

一二二

工人砍倒的不只是一棵年年夏日總是開滿著火紅的花的鳳凰木。

他們砍去了將來人們年年歲歲的親切記憶。

一二三

為了看清太陽的真面目，我們等到月影遮掩它的日蝕時刻。

為了瞭解人間光彩煥發的生命，我們也要等待熱情平息，心志澄清之後。

一二四

鍛練身體，即使只為了你愛的人。

洗練靈魂，即使只為了愛你的人。

一二五

我們為了自己所愛的人鍛練身體。
我們為了愛自己的人洗練靈魂。

一二六

我們立志為自己所愛的人工作。
我們不忘為愛自己的人修養。

一二七

完美的工作需要鍛練身體。
良好的修養端賴洗練靈魂。

一二八

你一心去愛，往往不知照顧自己的身體。

你一意被愛，常常遺忘洗練自己的靈魂。
（我們經常在愛別人的時候提升自己，卻在被人所愛之間令自己墮落。）

一二九
有人佇足觀賞天上的雨。
有人身在雨中的路上辛苦地走過。

一三〇
有人在編織天上的情懷裡提升。
有人在沉迷於他人的情網裡跌倒失落。

一三一
今夜聽見淅瀝的疾雨。
明日的路又變得難走了。

一三二

今夜聽遍淅瀝的疾雨。明日的靈魂有否一番新的景象？

一三三

生命有時一片蒼茫。那時我們最好抬頭遠眺天上的星光。

一三四

人生的意義是個不斷抽象和不斷提升的歷程。個人在抽象提升的歷程中獲取人性的成就。

一三五

人生總是個記號的提升歷程——由充當實用的

具體記號演化成代表價值的抽象記號。

一三六

人生的計慮由塵世趨向天上。

他由物質的現實走入精神的理想。

一三七

概念的尖銳化、突顯化引起它的刻板化，製造出意念上的危機——像是人會中風，會引起心臟病一樣。

（語詞和語句的意義也是如此。）

一三八

（愛有時被情所騎劫。）

情怎樣「敗壞」愛的品質和內涵？

將其平頭化，將其大眾化，將其通俗化。

一三九

心靈上的愛的記號內容有時敗壞為生理上和心理上的概念用法。

一四〇

疏疏密密的枝葉像是一張多姿的網，過濾出靛藍高遠的天空。人們把複雜煩亂的心緒倒向那張網，向深遠的高處過濾出澄清平靜的情懷。

一四一

地面的世界慢慢擁擠之後，我們的眼光必須轉向天上。

物質的領域逐漸豐盛飽和之餘，我們必須努力擴充我們的精神世界。

一四二

有些人被死死踩壓在擁擠的地面世界。有些人被桎梏窒息在豐盛飽和的物質領域。

一四三

物質的領域愈開墾愈瑣碎。精神的世界愈拓展愈開闊。

一四四

我本來不知它的名字。平時只注意它葉邊那尊嚴十足的利刺。可是一到初夏，它就平地抽起高高長長、粗粗壯壯的莖幹。不久，在幹頂長出一大朵枝狀紛陳的花。

啊，連開花都要奔騰直上，高人一等。

（原來它的名字叫作「龍舌蘭」。）

一四五

美艷的花朵不一定發放撲鼻的芳香。它們或許自恃具有異常不凡的相貌。

一四六

美艷有時隱藏著它的悲淒性格。

一四七

外表娟好的女子最需涵養優美的精神內涵。

美艷有时
隐藏着
悲凄的
性格

一四八

寒冬一到，連綠色的樹葉都紛紛凋落地上。啊，已經不再是葉子的季節了。

一四九

心隨流水去，情似輕風來。時時勤吹拂，愛在人間生。

一五〇

愛情初發之際，存他只是一份浪漫的理想。等到愛心成熟，無私變成一片理想的浪漫。

一五一

人間的愛，由侵佔到欣賞，到呵護。那是走向成功的愛。

世上的情，由無我到有我，到唯我。那是步入失敗的情。

一五二

母愛不侵佔，只有呵護。母親的情一貫的無我，絲毫也不唯我。

一五三

愛的成長來自奉獻。愛的沉淪起於徇私。

一五四

天上的愛只要心心相許。人間的情還賴肌膚相惜。

一五五

一分離就變質消失的感情，即使在人間也沒有一個令人尊敬的名字。
用畢即棄的感情也是。

一五六

戀愛時你借取人間的情。
失戀後你奉還天上的愛。

一五七

戀愛時你用盡天上美好的名字。
失戀後你喪失人間所有可愛的語言。

一五八

戀愛時你付出一切心靈的精華。

失戀後你喪失所有生命的力量。

一五九

戀愛時慎用人間的語言，免得失戀後敗壞天上的記號。

一六〇

何事在戀情中啞口木訥，只因你深恐敗壞愛的名字。

一六一

愛情的弔詭是木訥無助於表情，可是多言卻足以害意。

一六二

戀愛時你縱情容許混濁的語言。
失戀後你立志捕捉清新明澈的聲音。

一六三
戀愛時你任憑情緒的呼喊。
失戀後你細聽理性的輕喚。

一六四
如果你細聽理性的輕喚，你就不會落魄失望。
原來你只是患病一場。

一六五
如果你拒絕理性的呼喚，你如何駕御愛情的怒馬？

一六六

理性沒有標明情的人間條件。
但它卻指出愛的天上品質。

一六七

愛有它的理性。
愛有它的邏輯。

一六八

愛有它的明朗。
愛有它的神祕。

一六九

失戀的創痛有時像一時的失聰變聾一樣，聽不見愛心真情的細響。

理性沒有標的
情的
人間條件
但它卻指出
愛的
天上品質

一七〇

當我們遺失了世間用情的對象，謹慎地將愛心交還給天上。

一七一

莫把情懷隨處拋棄。
人間辛苦尋索難覓的，只要抬頭，遙望向著天上。

一七二

戀愛令你任情付出而缺欠空虛。
失戀令你端莊敬重而尋回自我。

一七三

沒有所求的人沒有欠缺。

一七四
死亡的人沒有欠缺。

一七五
情趨向欠缺。
愛走回充實。

一七六
我們在愛裡充實，卻在情中消耗。

一七七
在戀情中消耗的，只有在愛裡重新加以補充。

一七八

有人只知在情中不斷消耗，卻遺忘在愛裡重新加以補充。

一七九

一味在情中消耗的人慢慢偏離愛的方向。

一八〇

當愛已充實，你已不欠，你也不缺。

一八一

當一段感情消逝，有的成了人生歷程的至寶，有的變作疑難痛苦的病症。

一八二

戀愛時我們心懷理想，唯恐它不能實現。失戀後我們由理想跌落現實，深怕再也瞄準不到當初的理想。

一八三

戀愛時閉眼編織著美夢。失戀後從頭明目清醒。

一八四

愛是天上的品質，它是人性的希望。

一八五

愛是人性中唯一不可動搖的真實依據。

一八六

真純的愛在意志的世界中演繹。
它不在世俗的條件下沉浮。

一八七
愛不懼人性的弱點。
它因此成了人性的希望。

一八八
熱烈的追求常常為了滿足一時的慾望。
全心的投入往往志在尋找一份人性的理想。

一八九
愛在於全心的投入，不在於熱烈的追求。

一九〇

原來並不是熱烈追求的，如今傷懷過去，莫非由於自己的全心投入。

一九一

沒戴近視眼鏡，我們只看到最明亮的星星。只要不懷著庸俗粗陋的心懷，就不受擾於人間醜惡的品種。

一九二

在生命的把持上容有萬千世界，萬千道路。可是在生活的實際上卻需化簡御繁，單純從事。（人間的用情也常如此。）

一九三

天上看明月。

心中有人家。

一九四

天上一明月。
心中萬家人。

一九五

愛出於概念和心意的完美，接著尋求令情趨於完美。
情經歷對象和現實的不完美，可是努力探求獲取愛的完美。

一九六

沉重的是心靈上的十字架。
愛的十字架最是沉重的人性的十字架。

一九七

完全的歡樂有時令愛顯得淺浮。
完全的悲情經常令愛變得沉重難堪。

一九八

愛有它的歡樂。
愛有它的悲情。

一九九

愛在歡樂時心懷它的悲情。
它在悲情裡轉化生成它的歡樂。

二〇〇

愛情雖然成立於心甘情願的兩心相許，有時卻

天上　看
明月
心中　有
人家

敗壞於不顧一切的遂心所欲。

二〇一

愛成就於心靈上那含情脈脈的注視，但卻消損於肉體上那遂心所欲的揮霍。

二〇二

人容易沉溺於肉體上的感覺。人也容易無視那心靈上的輕聲呼喚。

二〇三

心靈上的崇高有時見證於所歷經的肉體上的苦痛與辛苦。（心靈上的快樂也是。）

二〇四

愛有時以自己所歷經的肉體上的苦痛和辛苦換取對方心靈上的提升。

二〇五

愛不惜以自己的痛苦喚醒對方的提升。

（愛有它撼動人性的力量。）

二〇六

有人慢慢稀釋，滴滴入口，品嚐人間的歡樂。有人一股作氣，不動聲色，一口豪飲人生的苦茶。

二〇七

這個世界虧欠於你的情人的，你不惜自己，試

圖加倍補償。

二〇八
無怨於這個世界對你情人的忽視，只顧加倍保愛，全心珍惜。

二〇九
情在世間那無怨無尤的演繹自將在人性裡留下愛的標記。

二一〇
人間真情的演繹，天上自有星星的記載。

二一一
愛不只創造身體的感覺，愛更加提升了身體的感覺。

二一二

愛雖然不是一種身體的感覺，但它卻不迴避身體的感覺。

二一三

愛不迴避身體的感覺，因此它能創新身體的感覺。

二一四

愛不迴避身體的感覺，因此它能提升身體的感覺。

二一五

人間

真情　的演繹

天上　自有

星星　的記載

愛情雖然並不志在經歷什麼感覺，然而在愛情的經驗裡，我們卻成就了內心那真實恆久的感覺。

二一六

愛情並非志在追求新的生命經驗，當然更不志在尋取不同的身體的感覺。人間愛情的真諦在於通過感官的身體，創造心靈的內涵。

二一七

健康的情是人性成長的力量。幽怨的愛是作繭自縛的糖衣。

二一八

自然賦予眾生成長繁殖的引誘。
人類選擇將性的事提升轉化成為愛情的契機。

二一九

性是自然的事。
愛是文明的情。

二二〇

人類無懼地接受生的引誘。
愛的高貴是不在受誘之間，令心志沉淪墮落。

二二一

性是自然啟發的提示。
不知情的人卻誤將它演繹變作人間的枷鎖。

二二二

藉著愛之名沉溺於性的事，我們跌落自然引誘的陷阱。由於愛之情化解了性的事，我們堅定了文明人性的精神追求。

二二三

青春的慾望是愛情動力的自然泉源。成熟的愛情是自然慾望的文明嚮導。

二二四

保持軀體感性的熱能，心靈擁有成長的養分。當心靈成熟開展，它提供給軀體感性的恆溫。

二二五

性引誘一時的快樂了結。
愛啟發恆常的溫暖傳播。

二二六

淡淡的情，恆常的愛。
柔柔的意，溫暖的心。

二二七

淡淡的雲，恆常的太陽。
柔柔的月兒，溫暖的星光。

二二八

愛情不只在於奔放，愛情也在於蘊藏。
蘊藏令愛情深刻，奔放把愛情發揚。

淡淡的
情
恆常的
愛
柔柔的
意
溫暖的
心

二二九

獨居時默默蘊藏。
相處間深情奔放。

二三〇

未曾蘊藏，何來深情？
沒有深情，怎樣奔放？
（奔放過後，不忘蘊藏。）

二三一

愛不志在醫療，但它常有醫療的功效。
情無意產生傷創，但它不時導致感覺的傷創。

二三二

情的創傷有時引人沉落。

愛的醫療助人回頭提升。

二三三

愛的醫療治理感覺的創傷。
愛的醫療令人性提升向上。

二三四

愛的醫療是情傷的結束，但卻是人性涵養的開始。

二三五

愛令人性提升。
愛令人生向善。

二三六

甜美的情懷不會過期失效，
它永遠留存在人生的記憶當中。
偉大的事蹟不會久遠無力，
它恆久活躍在人性文化的血統之內。

二三七

愛是人性的追求。
性只是自然的提示。

二三八

優美的感情不一定只收納在自己的口袋裡獨享，正好像清麗的月光不要只關在自己的小屋裡一樣。

二三九

能共甘苦者，知己也。
能共安樂者，知天也。

二四〇

愛在不斷的創造中豐富了它的內容。
它在人類文明的演進裡逐漸明定了它深層的意義。

二四一

愛沒有先驗的本質，但卻有後天的範例。

二四二

愛是文明人性的產物。
它是文明人性的記號。

二四三

愛或許沒有生理的必然，但卻仍有文明的保證。

二四四

我們道說不了愛的本質，但卻可以從眾多愛的範例裡察覺其中所含藏的天淵之別。

二四五

情令大地上的一草一木光彩煥發。心對世界中的一石一瓦賦給情的深度。

二四六

這世界不是表面看來那麼平淡。一草一木、一石一瓦都可能親自見證過一個個動心感人的故事。

二四七

情將淒苦化做眼淚。
心把隱痛交付自然。
(化做眼淚的，成了記號。交付自然的成了記號。)

二四八

至高的理性是對他人仁厚，但卻對自己殘忍。

二四九

至高的理性潛藏在優美的感情之中。

二五〇

理性直截了當。

情悟
淒苦化做
眼淚
心抱
隱痛交付
自外

它不拖泥帶水。

二五一

理性不隱瞞心中的真情。
它不顛倒是非，混亂黑白。

二五二

理性在無規律中明定規律。
它不混淆不清，模稜兩可。

二五三

理性在繁複萬端裡製造簡單。
它不取雜就繁，節外生枝。

二五四

（人是理性的動物。）

人不隱瞞心中的真情。

二五五

（人是理性的動物。）

人在無規律中明定規律。

二五六

（人是理性的動物。）

人在繁複萬端裡製造簡單。

二五七

情常常容許侵犯。

互相侵犯有時變成不是侵犯。

二五八

情有時導致毀滅。

互相毀滅是完全的毀滅。

二五九

情有時遊戲於互相的侵犯，但卻要避免彼此的毀滅。

二六〇

謹慎用心，細心關愛。

莫待有朝一日，孤獨輕嘆：我知怎樣去愛，只是時光不再。

二六一

每個人都喜歡作夢。

每個人有他喜愛的夢。

二六二

你最喜愛的夢是你最怕驚醒打破的夢。

二六三

人間最怕驚醒的夢是愛的夢。

二六四

親密是兩個人所喜愛的夢在一起交織重疊，纏繞擁抱。

二六五

親密是兩個人即使不在一起，但卻編織著同一個彼此喜愛的夢。

秘密是

兩个人所喜愛的

夢在一起

交織重疊纏繞

擁抱

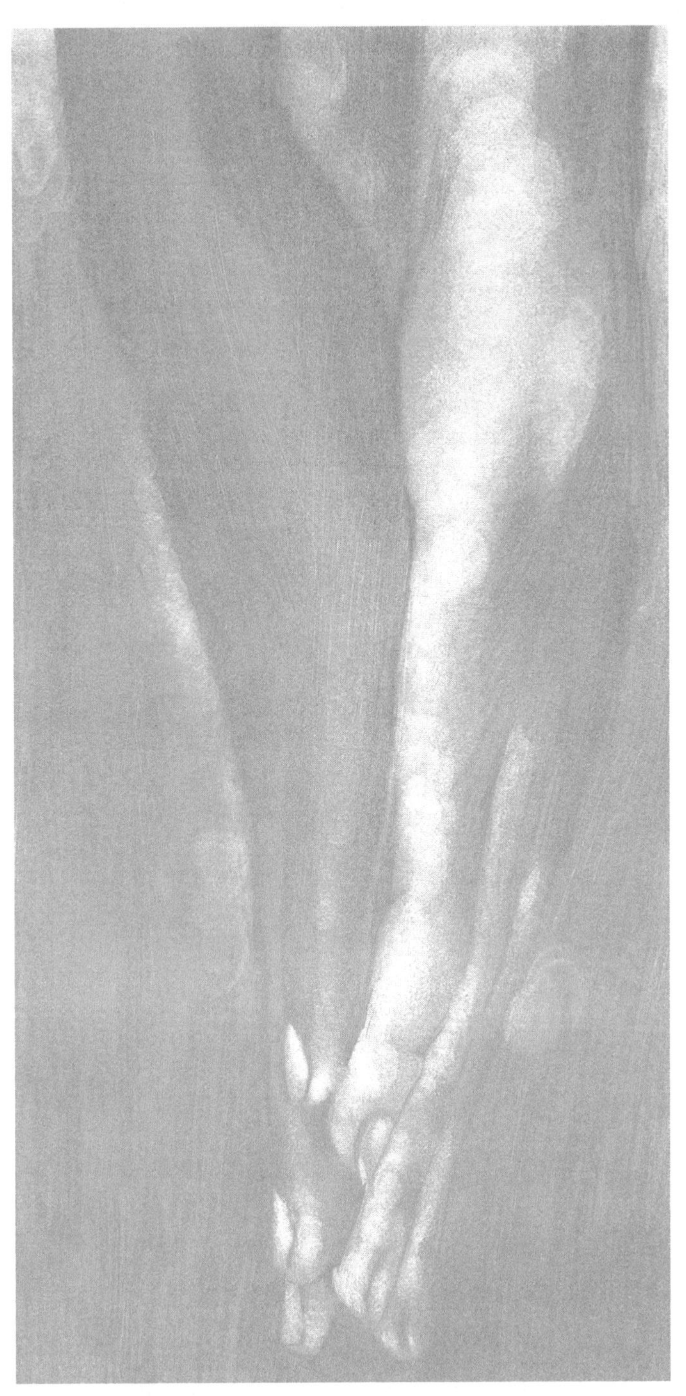

二六六

愛情起於創造。

它在不斷的創造中再滋生，再成長。

二六七

愛情不只是愉悅的享受。

它更是嚴肅的創造。

（其中生兒育女只是一種慣常習見的創造形式。）

二六八

我們不要只顧培養令人羨慕的外在條件，忘記努力追求令自己滿意的內在品質。

二六九
愛的品質是內在的品質。

二七〇
情的品質是內在的品質。

二七一
道德的品質是內在的品質。

二七二
意志的品質是內在的品質。

二七三
願望的品質是內在的品質。

二七四

在心靈上，平時別人可以充當嚮導或伙伴，但是在失落時，自己才是自己的醫生。

二七五

除了自己，沒有真正的感情上的醫生。雖然相愛的兩個人之間，偶爾可以互相醫療。

二七六

感情的深刻由清澈的真摯開始。可是清澈的真摯有時反而阻礙了感情深刻的發展。

二七七

清澈的真摯講究簡單透明。

二七八

在深刻處，感情有一份錯綜複雜。

二七九

在深刻處，感情有一種神祕的品質。

二八〇

感情需要沉思。
感情需要理智。
感情需要堅定的意志。
感情需要美好的心願。

二八一

真摯就無法開展的感情，缺乏一條通往深刻的

路。

二八二

感情不是只顧表象的事。

二八三

感覺常常只是一份暫時的表象。

二八四

感情不是一種感覺。
愛情更不是一種感覺。

二八五

愛傾向素食。
情熱中吃葷。

（激動起來甚至變成食人族類。）

二八六

情有時腸胃滯塞。
愛不愁消化不良。

二八七

情有它的疾病。
愛提供它的藥方。

二八八

愛是人生的健康美食。
它更是生命的獨特良方。

二八九

我們生落在這個塵世，但卻無需被束縛在這個塵世。

（心靈特別如此，藝術提出明證。）

二九〇

盲目崇拜科學的結果令我們拿理性和人性對立，不只以它和感性對比。

二九一

科學家大膽宣揚的真理等待後世加以推翻。藝術家謙虛為懷的創作留給後人世世代代珍視收藏。

二九二

不同的文化傳統裡的人做著不同的夢，不只懷有不同的夢想而已。

二九三
愛是文化裡的夢。

二九四
愛是人類文明的精神夢想。

二九五
當你已經受了這麼多的欺騙和那麼深的打擊，但你依然心存善意。顯然你對人性保有一份熱烈的願望。

二九六
只要你對人性依然存有衷心的願望，終有一日

愛是
文化裡的
夢

你會遇上一個不會令你失望的人。

二九七

假如你開始對人性失望，那麼你永遠尋覓不到一個不會令你失望的人。

二九八

愛一個女子像愛自己的母親。
愛一個女子像愛自己的女兒。

二九九

不必追問要怎樣愛一個女子。
只要你尊重她像尊重自己的母親。
不必追問要怎樣愛一個女子。
只要你呵護她像呵護自己的女兒。

三〇〇

教容易變成權威的獨斷。
學含有一份虛心的追求。

三〇一

愛是一種精神的追求。
它不忘文明人性的學習。

三〇二

愛不能教，但卻可以學。

三〇三

兩個相戀的人難以互相說教，但卻可以彼此學習。

三〇四

相愛宜在心靈成熟之後為之。

三〇五

極端妒忌的人無法與他人交往。尤其是情上的妒忌。

三〇六

極端妒忌的人只能與自己交往。

三〇七

極端妒忌的人自閉自封。

三〇八

情無法規限以契約。
契約化的情不是真情。

三〇九

情可以聽從心願。
情也可以出於主張。
情更可以依順意志。

三一〇

純潔的情不妒忌親密的分享。
友情就是。
親情更是。

三一一

愛永遠包容親密的分享。

友愛如此。
母愛更是如此。

三一二

極端妒忌的人不宜戀愛。
事實上，他連交友都無法平順。

三一三

極端妒忌的人不宜結婚。
也許也不應該生兒育女。

三一四

極端妒忌的人有時甚至和自己的子女爭鬥。

三一五

有人懷疑愛情可以分享。
他們認為享有就是擁有，擁有就是專有。

三一六

專有容易演成專利。
不管專利或非專利，全都與愛情無關。

三一七

只有當我們也把對方當成主體，我們自己才完全成為對方的主體。

三一八

只有在自己也把自己當成對象，對方才成了我們的對象。

三一九

人是主體，也是對象。
人是主體對象。

三二〇

人是對象，也是主體。
人是對象主體。

三二一

真情將雙方同當主體。
真情把彼此共做對象。

三二二

愛是主體的事。
愛也是對象的事。

三二三

愛是主體與對象的融合。

三二四

人是慾望的主體。
人不是慾望的對象。

三二五

人是情的主體。
人也是情的對象。

三二六

人是愛的主體。
人也是愛的對象。

真情
双方
主体
真情
彼此
对象

将
日常
拖
共做

三二七

情不是慾望。
慾望不是情。

三二八

愛不是慾望。
慾望不是愛。

三二九

慾望是主體的迸發。
它也是對象的裂口。

三三〇

有了裂痕的對象難以成為完整的主體。

不時迸發的主體往往不成可愛的對象。

三三一

真情是主體含忍克制，而對象則有心進取。

三三二

主體略呈裂痕引起涵養的滋補和克服的成長。對象有了主體，開發內在的潛質和心靈的交流。

三三三

主體的謙虛誘發對象的投入。對象的投入導致主體的發揚。

三三四

在感情上，主體的謙虛導致主體的發揚。

主体 的谦虚
诱發 对象的
投入
对象 的
投入
導致 主体的
发扬

三三五

只把對方當作對象，等於只把對方當成奴僕。

三三六

情的奴僕是奴僕。
性的奴僕更是奴僕。

三三七

奴僕也需要一份主體性。

三三八

老人也可以充滿情的魅力和愛的活力。
但是未老先衰則否。

三三九

我們必須細心經營，避免在感情的迷惑之下變得身雖未老情已先衰。

三四〇

有人本來前途無量，但卻在感情的迷惑之下變得身雖未老情已先衰。

三四一

愛不會傷損生命。會傷損生命的不是愛。

三四二

令人焦慮不堪的情是傷損生命的情。

三四三

失戀之時，過往歷歷成假意，眼前何事是真情？！

三四四

人間的愛情有時看來可笑，只要輕聲一嘆，前情無疾而終，往事一筆勾消。

三四五

沒有良心的情是虛妄的情。

三四六

沒有良心的愛完完全全不是愛。

三四七

愛永遠懷著正義。

情有時沒有良心。

三四八

在漆黑的晨早，眺望東方的長空，金星才是真正的情人。

三四九

在愛的光輝裡，你寄望著綺麗的前景。在情的失敗中，你看到悲慘的下場。

三五〇

不要辜負真情而迎合假意。不要無顧理性的呼喚，迷惑於虛偽不實的誘騙。

三五一

愛　永遠懷着

仁義

情　有時沒有

良心

人體有時是真理的引誘，但卻不是慾望的門檻。

三五二

人體為什麼成為審美的對象？

因為有人本來可以誤用它，但卻因情克制，將之保全。

三五三

因情克制是文明的精神。

它是文明人性的記號。

三五四

人體可以演成美好的藝術記號。

三五五

審美的人體是情的對象。
它不是慾的用品。

三五六

愛包含著美的品質。

三五七

愛是一種藝術，不只是一份情懷。

三五八

愛有它的邏輯，不只有它的感覺。
（藝術有它的邏輯，情懷有它的感覺。）

三五九

人體本來是給人使用的對象——給自己使用和

給他人使用。

文明的演化令它生發精神的品質。

三六〇

情使人體生發審美的品質。

慾將人體還原為供人使用的對象。

三六一

情的滿足不是為了虛榮的誇耀。

三六二

情有時充當了性的俘虜。

三六三

情經常演變成性的醫療。

三六四

愛不是生活中空虛煩悶的點綴。
愛是生命裡最認真的感情投入。

三六五

我們一定要追問愛情的最後結局嗎？
愛情的真正結局就是愛——而且只有愛。

三六六

情人不是為了侵犯對方的平靜和安寧。
他所要的是在紛雜的世界裡，開創一個平靜安寧的世界，讓兩人一起生活其間。

三六七

情 为时

之常了

性 的

修房

情人將自己的痛苦和煩惱交付天地。
他把清澈無塵的愛情奉獻給對方。

三六八

情人彼此分享共同的快樂。
常常避免對方承擔自己的憂愁。

三六九

有時情人以深情開導對方，希望有一天對方肯定今日所不敢肯定的情懷；接受今日所無緣接受的心意。

三七〇

有人第一次看到對方就知道他內在的憂鬱。
有人第一次看到對方就知道他對世界的失望。

三七一

情人希望永遠不讓對方失望。這樣世上就有一個不讓他失望的人。

三七二

每一個人都可以活出一個愛情的榜樣。

三七三

有一個人不讓你失望，你就有一個不令你失望的世界。

三七四

當你擁有一個永不令你失望的人，你就看到一個光明的世界。

三七五

人性的曙光在一個個的個人的生命裡見證。

(只要自己發亮，不愁這世界沒有光。)

三七六

百分之九十的初戀只是夢想的初嚐，但卻成了感情失敗的銘心經歷。

三七七

初戀常常變成感情的練習。

三七八

初情懷有最敏銳的感覺。

只可惜欠缺成熟的見識。

三七九

感覺因閱歷而遲鈍。
情懷卻隨見識而深刻。

三八〇

身體隨著年紀而消損。
感情卻因歲月而清純。

三八一

情有時隨著歲月而降溫。
愛卻經常因為年紀而深刻。

三八二

攀附感覺的情經常隨著歲月而降溫。

無慾無私的愛總是由於年紀而恆久。

三八三

愛起於晨早，但不終於午夜。

激情有時突發於中夜，但卻消逝無形於清晨。

三八四

情有時攀附感覺。

愛卻經常依從良心。

三八五

兩人的親密並不是沒有一切的距離。

三八六

有距離才能眺望。

有距離才能觀賞。
有距離才能想像。
有距離才知現實與理想。

三八七

親密是保持深情相愛的距離。

三八八

熱戀中的情侶往往沒有認清，其實衣裳所間隔的距離並不是真正阻礙精神合一的障礙。

三八九

真正的合一不是飛越了衣裳，而是消除了身體。

三九〇

情 有时攀附

感覺

爱 却使常依從

良心

真正的合一不是慾望的實現。
真正的合一不是本能的滿足。

三九一
慾望的實現往往只是激情的退潮。

三九二
本能的滿足經常只是感覺的消止。

三九三
有些人的情懷隨著感覺的強弱而增減。
他們將激動的情說成是感情的心。

三九四
真情本來沒有執著的對象。

可是當你認真投入的時候，對方總是成為天下第一人。

三九五

並非凡是真理都一眼為人所認知。

三九六

並非凡是真情都即刻為人所體會。

三九七

真情不在於瞬息之間。它在於持續長久。

三九八

並非有價值的就可以隨意粗野暴露而依舊保留

真心的
合一
不是飛越了
衣裳
而是清除了
身體

它原來的意義。

（因此真情不應粗野為之，隨意暴露。）

三九九

性事為什麼要在隱私之下親密進行？

因為藝術之美和本能之野只有一線之差。

四〇〇

失戀涵蘊著失望，有時是深深的絕望。

四〇一

即使別人令你失望，你也不令他跟著失望。

這是真情。

這是愛。

四〇二

失戀時我們也許否定對方，甚至否定自己。但是我們無從否定愛，無從否定它那天上的品質。

四〇三

一次的沉迷也許是別人毀壞了你。不斷的沉迷肯定是自己毀壞自己。

四〇四

起始的錯誤帶來一連串因因果果的悲劇。沉淪於昏濁的情緒引發一陣陣此起彼落的痛傷。

四〇五

有些人無法用真情加以感動。
他寧可屈服於暴力和激情慾望之下。

四〇六

善良的女子是收起了翅膀的天使。
她用精神飛揚，不假肉體跳躍。

四〇七

美麗的女子有時容許魔鬼附身。

四〇八

動心動情的迷戀常常是與魔鬼交遊。

四〇九

愈是動心的迷惑，愈是深沉的創傷。

四一〇

有些愛情是上天施捨的喜悅。
有些迷戀是魔鬼遣派的惡夢。

有沒有一句話
曾引發您最深沉的感動？
一種發自靈魂深處的聲音
等待您開啟心靈的窗
細細聆聽

人生小語（一）——瞬息與永恆
人生小語（二）——愛、心與困境
人生小語（三）——情・幽怨
人生小語（四）——男女・情
人生小語（五）——愛情・性・藝術
人生小語（六）——感覺與心懷
人生小語（七）——我愛・故我在
人生小語（八）——人性與自然
人生小語（九）——太陽、月亮、星光

何秀煌 著

# 記憶裡有一個小窗

何秀煌 著

一幅圖象含有無邊際的內涵。一篇描摹圖象的文字，不管多簡略或者多詳盡，只不過是一份心境對它的投影。影子的形狀、大小和深淺隨著光源和物體各自的品質與彼此的相對關係而改變，圖片中的影像是情思的光線照射的物體；觀賞者的心靈是那照射影象的光源。不同的心靈是不同的光源：不同的品質，不同的性格，不同的角度，不同的強弱，不同的距離……。

您和我，不同的光源，不同的心靈，不同的意念，不同的想像，不同經歷，不同的感懷。我所寫的只是自我心境的投影。如果這本專集所收的圖象是些生命的倒影，那麼這些文字的投影莫非成了倒影池塘當中的倒影？

## 傳統・現代與記號學
### —語言・文化和理論的移植

何秀煌 著

這本文集所收的，是作者最近五年來的部分作品。在回顧和展望之中，在悲喜交集之餘，作者討論了傳統與現代，道德與感情、電腦、人性和神性，歷史和文化，以及文化之間的互相觀摩和彼此移植等問題。

## 記號・意識與典範
### —記號文化與記號人性

何秀煌 著

對於從事哲學活動的人來說，他的思考總是在文明傳統和時代困局之間徘徊；他的情懷也不斷在人生的開展和人性的演化之間停落。這本文集所收編的內容就是這兩年來作者這類思考和這類情懷的心跡寫照。雖然文章是這兩年之內寫成的，可是其中所表達的思考和情懷卻是作者近二、三十年的心聲的延伸、加強和詮釋。作者試圖由不同的問題入手，發揮那種思考，表露那種情懷。

## 火天使

趙衛民 著

這本散文集含有五十篇創作，短者六百字，長者近七千字，描寫了青春期的各種情境。從中可以看出這顆沉思的靈魂，在苦悶的歷程中，如何堅持智慧與愛的標向；尤其以情感的酣溢與理性追尋的各種困惑為掃瞄點，頗能看出橫溢的詩思與睿敏的洞察力。火天使，其實是象徵受苦的靈魂。

## 靜思手札

黑野 著

經歷由少年而中年的徬徨歲月，作者不甘於隨波逐流的盲從，更不願麻木渾噩的過活，因此選擇了孤獨地面對自己，以自己所選定的距離來觀照世界、探索人生、回味生活……的「靜思」，來反省尋求生命的理路，以簡要切中的言筌留下了近四分之一個世紀心靈歷程的「手札」。對一樣在追尋摸索的人們，當是一種振奮精神的鼓舞，一種深具價值的參考，更是一種迴盪內心的共鳴。

## 老樹春深更著花

畢璞 著

本書為作者第十二本散文集，內容共分五輯：「心情篇」是作者所最擅長的抒情小品，唯美、空靈、恍若不食人間煙火。「生活篇」是作者退休後所過淡泊自甘、精神至上的讀書、寫作、聽樂、看畫生涯的寫照。作者有一個幸福的家庭，「天倫篇」正是她天倫之樂的描繪。「懷舊篇」是作者對童年、少年、青年時代的回憶，其中的點點滴滴，都是歷史的印證。「山水篇」是作者近年旅遊的見聞與感受，不是遊記，也不是報導，而是一篇篇優美的散文。全書風格清新，文筆洗鍊，思想成熟，可說是兼具感性與知性的散文集。

## 在天願做比翼鳥
### —歷代文人愛情詩詞曲三百首

李元洛 輯注

本書精選歷代文人愛情詩詞曲的上乘之作，分為戀情、歡情、離情、怨情、哀情等五部分，每部分均以年代先後為序。全書選材精當，佳作纍纍如百琲明珠；注釋簡明，有助於對作品的理解；譯文清暢，便於古今之比照互參；點評文約意長，文字優美如同小品文。讀者一書在手，人中談笑生風。無論書信、撰文或沙龍聚會，均有助於吐氣如蘭，咳唾珠玉。

## 爐邊閒話

李抱栱 著

本書為作者音樂生涯的工作散記。文字生動流暢、引人入勝；筆法輕鬆幽默、令人展顏。作者的音樂修養深厚，然不以樂界名人自居，而是用謙虛的態度、平易的語法，來與讀者閒話家常，揭示「人生自有音樂、樂中另有人生」之理，如飲清澈之泉，令人神怡氣爽、興趣盎然；非但引發讀者的共鳴，而閱盡全書，更有回味無窮之感。

## 琴臺碎語

黃友棣 著

本書為黃友棣教授繼《音樂創作散記》與《音樂人生》後的另一部音樂著作。作者運用許多妙喻例證其見解，將音樂、詩歌、美術、文學、哲理、教育一爐共冶。討論音樂與人生的種種問題，極具趣味性。寓樂於文，使讀者於輕鬆活潑的敘述中得窺音樂藝術的壯麗，並由此而引導人們走向「生活音樂化」和「藝術生活化」的理想人生。

國家圖書館出版品預行編目資料

人生小語. 九, 太陽、月亮、星光 / 何秀煌著.
--初版.--臺北市:東大, 民89
面； 公分.

ISBN 957-19-2403-2 (精裝)
ISBN 957-19-2404-0 (平裝)

1.格言 2 修身

192.8 88017509

網際網路位址 http://www.sanmin.com.tw



——太陽、月亮、星光

著作人 何秀煌
繪圖者 吳銘書
發行人 劉仲文
著作財產權人 東大圖書股份有限公司
臺北市復興北路三八六號
發行所 東大圖書股份有限公司
地址/臺北市復興北路三八六號
電話/二五〇〇六六〇〇
郵撥/〇一〇七一七五——〇號
印刷所 東大圖書股份有限公司
總經銷 三民書局股份有限公司
門市部 復北店/臺北市復興北路三八六號
重南店/臺北市重慶南路一段六十一號
初 版 中華民國八十九年一月
編 號 E 85484①

基本定價 肆元捌角

行政院新聞局登記證局版臺業字第〇一九七號



ISBN 957-19-2403-2 (精裝)